CHI　　TANG　　DONG　　WU

池塘动物

童心○编绘

化学工业出版社

·北京·

编绘人员：

王艳娥	王迎春	康翠苹	崔 颖	王晓楠	姜 茵
李佳兴	丁 雪	李春颖	董维维	陈国锐	寇乾坤
王 冰	张玲玮	盛利强	边 悦	王 岩	李 笪
张云廷	陈宇婧	宋焱煊	赵 航	于冬晴	杨利荣
张 灿	李文达	吴朋超	曲直好	付亚娟	陈雨溪
刘聪俐	陈 楠	滕程伟	高 鹏	虞佳鑫	

图书在版编目(CIP)数据

童眼识天下科普馆.池塘动物 / 童心编绘. —北京：化学工业出版社，2017.8（2024.10重印）
ISBN 978-7-122-30128-4

Ⅰ.①童… Ⅱ.①童… Ⅲ.①常识课-学前教育-教学参考资料 Ⅳ.①G613

中国版本图书馆 CIP 数据核字（2017）第 157550 号

项目策划：丁尚林	责任校对：宋 玮
责任编辑：隋权玲	装帧设计：刘丽华

出版发行：化学工业出版社(北京市东城区青年湖南街13号　邮政编码100011)
印　　装：北京宝隆世纪印刷有限公司
889mm×1194mm 1/20 印张4 2024年10月北京第1版第9次印刷

购书咨询：010-64518888
售后服务：010-64518899
网　　址：http://www.cip.com.cn

凡购买本书，如有缺损质量问题，本社销售中心负责调换。

定　　价：19.80元　　　　　　　　　　　　　　　　　　版权所有　违者必究

前言 FOREWORD

与江河湖海比起来,池塘很小很小。也许你会怀疑,池塘中能有什么动物呢?可不要小瞧池塘里的"生态圈",水面上飞的,水里游的,水边定居的……池塘可是许多动物的生存乐园呢。

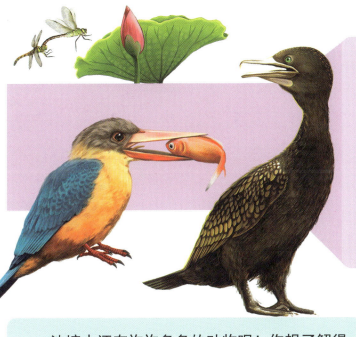

瞧,池塘多热闹呀!以蜻蜓、蜉蝣为代表的昆虫在水面上四处飞舞;翠鸟、鸬鹚注视着水下,随时准备开始捕鱼表演;青蛙蹲在荷叶上,时而用"呱呱"的叫声给大家助兴;漂亮的鲤鱼正在水草间游动,后面跟着长胡子的塘鲺;中华花龟正在向上游,它想去水面透透气……

池塘中还有许许多多的动物呢!你想了解得更多吗?那还等什么,快快走进《池塘动物》一书,尽情感受池塘动物的魅力吧!

目录
CONTENTS

06	青蛙，跳跃能手
08	翠鸟，捕鱼之王
10	美丽高雅的疣鼻天鹅
12	蜻蜓，特技飞行员
14	绿头鸭，游泳高手
16	耐心十足的苍鹭
18	鲤鱼，池塘里的常住居民
20	鸳鸯，爱情之鸟
22	鹅，长脖子歌者
24	泳技娴熟的水獭
26	性情温顺的中华花龟
28	跳舞吧，冠欧螈
30	小黑鸬鹚，捕鱼巧手
32	爱穴居的麝鼠
34	大苇莺，灵魂歌者

18

12

26

46	穿着"盔甲"的河蚌
48	会"钓鱼"的夜鹭
50	紫水鸡,红嘴精灵
52	胆小温顺的布氏拟龟
54	静水椎实螺,水中旅行家
56	划蝽,噪音之王
58	适应力超群的罗非鱼
60	提着小灯笼的萤火虫
62	蝴蝶,飞舞的精灵
66	田鳖,水中"霸王"
68	白鹳,优雅之鸟
70	水黾,轻盈的舞者
72	鳝鱼,喜欢安静的隐士
74	牛背鹭,尽职的"清洁工"
76	生命短暂的蜉蝣
78	大肚子食蚊鱼

36	蟾蜍,捕虫能手
38	中国水蛇,潜伏在水里的猎人
40	白鹭,白羽天使
42	水鼩鼱,暗杀高手
44	长"胡子"的塘鳢

14

青蛙，跳跃能手

呱呱呱，池塘边的青蛙又在唱歌了。青蛙不仅是个歌唱家，还是个跳跃能手，它的后腿非常有力，不仅能在陆地上跳跃，还能在水里划水游泳呢！

特别的青蛙眼

青蛙的眼睛可以敏锐地发现运动着的猎物，并能迅速判断猎物运动的方向和速度。但奇怪的是，青蛙对静止的事物却视而不见。即便是它最喜欢吃的苍蝇和飞蛾，如果不动的话，青蛙也不会攻击它们。

小青蛙，动起来！

青蛙是运动健将，可以一下跳出很远，甚至它身体20倍的距离。同时，青蛙也是个游泳高手，游泳比赛中的蛙泳就是通过模仿青蛙的游泳姿势创造出来的！

小蝌蚪出生了!

青蛙妈妈会到水里生育后代。繁殖季节,它们会产下很多蛙卵。这一颗颗圆圆的蛙卵受精以后,经过两周左右的发育,会慢慢长成黑黑的小蝌蚪。这些小蝌蚪会慢慢长出肺和四肢,尾巴也在悄悄缩小。大约6周以后,蝌蚪就会完成变形,长成青蛙。这时,它们就能到陆地上活动了!

捕虫能手

青蛙非常爱吃昆虫,当它动也不动地蹲坐在荷叶上时,实际上是正处于紧张的狩猎状态:它的后腿蜷缩着跪在地上,前腿支撑起来,微仰着头,睁着大眼睛注视着周围的情况,肚子还时不时地鼓一鼓。当小昆虫从它身边飞过时,青蛙就猛地向上一蹿,张开大嘴,伸出长长的舌头,一下子把小昆虫吃掉。

翠鸟，捕鱼之王

在池塘边，我们偶尔能发现翠鸟的身影。它们蹲守在那里，静静地注视着水面，好似在思索着什么。此时，暖暖的阳光洒下来，翠鸟的羽毛像五彩霞衣般闪耀，格外美丽、迷人。

捕鱼开始！

翠鸟静立时喜欢盯着水面，它们并不是在晒太阳，而是在搜寻食物。它们的眼睛里有一种"滤光器"，可以轻松化解水面反射所带来的"晃眼"问题，清晰地看到水下的情况。如果发现鱼儿的踪迹，翠鸟就会像闪电一样疾飞过去，直直地扎进水里，一口咬住来不及逃走的鱼儿。到了水中，它们的眼皮能闭合，可以保护眼睛不受伤害。

粗鲁的吃相

翠鸟将鱼捉住以后，并不急着享受美味。它们会先敲击鱼的头，确认它完全死去后，再愉悦地开始就餐。吃鱼时，翠鸟的吃相有些粗鲁，它们不会像绅士那般细嚼慢咽，而是将猎物整个吞进肚里。也许这种"大口吃肉"的感觉会让它们备感幸福吧。

它们的巢穴在哪里?

　　翠鸟喜欢把巢穴建在沙堤或泥崖上,这些巢穴完全是它们用尖嘴啄出来的。建巢成功以后,翠鸟基本不会再花时间去装饰它。繁殖期,翠鸟把卵产在这些巢穴里。等孩子们破壳出生后,翠鸟父母会在池塘中捉些小鱼,带回去给翠鸟宝宝吃。

美丽高雅的疣鼻天鹅

宁静的池塘有时也会吸引疣(yóu)鼻天鹅停留。这些穿着白衣的"天使",时而在水面玩耍嬉戏,时而仔细地清洁羽毛。小小的池塘因为它们的到来,变得热闹起来。

起飞啦!

疣鼻天鹅虽然看起来非常矫健,但身体有些笨重。要想从水中顺利起飞,也不是那么容易的事情。不过,聪明的疣鼻天鹅会在起飞之前助跑一段时间。这种展翅"蹬车"的动作看着有些僵硬,却十分有效。

它们好安静呀!

很多鸟儿都喜欢用声音表达情绪,疣鼻天鹅却不同,它们很少发声,因此也被称为"无声天鹅"。实际上,疣鼻天鹅的声音只是没有其他鸟儿那样吵闹而已。它们偶尔也会发出咝咝声或喷鼻声。通常,我们听到的更多是它们飞行时翅膀震动的声音。

机警

疣鼻天鹅性情温顺,胆子却很小,活动时非常谨慎,时刻注意着周围的风吹草动,所以一般情况下,它们喜欢到鲜有人打扰的地方活动。平时,只有再三确定岸边没有其他动物出没时,疣鼻天鹅才会上岸游览一番。

蜻蜓，特技飞行员

碧波荡漾的池塘是蜻蜓的乐园。它们扇动透明的翅膀，经常在水面做高难度的低空飞行"表演"。那忽上忽下的动作，敏捷又不失美感。如此精湛的飞行技艺完全可以与花式特技飞行员相媲美了！

"点水"的秘密

蜻蜓在水面嬉戏的时候，偶尔会用那细细的尾尖轻点一下平静的水面。你知道吗？它们其实是在产卵呢！蜻蜓与很多昆虫不一样，它们的卵是在水中孵化的。蜻蜓"点水"时，会将小小的卵排到水中，把后代留在水中发育。

强大的幼虫

从卵中孵化出来的蜻蜓幼虫叫"水虿（chài）"，它不像我们想象的那么娇弱。在之后两年左右的成长时间里，它们一直以绝对霸道的气势统治着周围水域，捕食小鱼、蝌蚪和蠕虫。一只蜻蜓幼虫一天大约可以吃掉150只其他幼虫，食量非常惊人。随着时间的推移，这些强壮的小家伙会蜕掉外皮，变成成虫——蜻蜓到陆地上生活。

害虫，我来了！

　　蜻蜓除了有 3 个单眼之外，还有由 28000 多个小眼组成的复眼。它们是世界上眼睛最多的昆虫。拥有这么多眼睛，难怪它们的视力那么好！平时，蜻蜓不用转头就能看到各个方位的事物。蚊子、苍蝇经过时，自然难逃它们的"法眼"。所以，很多小害虫一见到蜻蜓，就会吓得落荒而逃。

绿头鸭，游泳高手

微风吹过，平静的水面荡起一圈又一圈的波纹。这时，几只绿头鸭飞来了。它们用宽宽的脚掌划着清水，一边游动，一边清洗羽毛，偶尔还会摇一摇那像涂了油彩的绿头，似乎在说："快来看呀！我是不是更美了？"

亲密一家人

绿头鸭天生爱热闹，平时大多与伙伴们待在一起，就连迁徙也要结伴而行。它们彼此之间非常友好，不仅会帮助对方梳理羽毛，休息、睡觉时也会相互照看。这么有爱的同伴，真是难得！

温柔的鸭妈妈

鸭妈妈在孵化宝宝前，会啄下身上最柔软的毛垫在鸭巢里。这样一来，即使它们外出，柔软的羽毛也能为鸭蛋保温。鸭妈妈精心孵化24～27天后，鸭宝宝就能与妈妈见面了。刚出生的鸭宝宝有一种本能，那就是第一眼看到什么动物，就把它当成自己的妈妈。之后，无论妈妈去哪里，它们都会追随在左右。

小鱼小虾哪里逃!

　　绿头鸭多栖息在池塘、湖泊以及其他淡水水域。它们特别喜欢在水中游泳、嬉戏。觅食时,绿头鸭会一头扎进水里,翘起尾巴,用扁扁的嘴巴去啄水草,那些躲在水草里的小鱼、小虾,有时就不幸变成了它们的口中餐。

耐心十足的苍鹭

苍鹭一动不动地站在池塘边,颇像静坐垂钓的老人。因为苍鹭极有耐心,可以在一个地方站几个小时,人们就给它起了个有趣的名字——"老等"。

捕食时间到了!

清晨和傍晚是苍鹭的最佳觅食时间。这时,它们要么在水边一边漫步一边随意觅食,要么静静地站在水中,紧盯着水面,等食物自己送上门来。倘若有小鱼群经过,苍鹭就会抓住时机,迅速伸长脖子,一口啄住鱼儿。为了吃到可口的食物,它们往往一等就是几个小时,这份耐心,让很多动物都自叹不如。

筑巢有分工

大概是为了捕食方便的缘故,苍鹭喜欢把巢穴建在各种水域附近。它们对建巢地点的要求不是很苛刻,树上、水草丛或是芦苇荡都可以。筑巢时,苍鹭伴侣之间分工明确,配合也非常默契,雄鸟负责运输各种建材,而雌鸟只要待在原地建巢就可以了。从这方面来看,雄鸟很懂得照顾爱人呢!

群居生活

苍鹭似乎有点害怕孤独,它们总是成群生活在一起。冬季来临的时候,北方的白鹭会自发地组成大群,一起跋山涉水迁徙到温暖的地方过冬。平时,我们还有可能在白鹭群中发现苍鹭的身影。

鲤鱼，池塘里的常住居民

池塘里生活着一种漂亮的鱼类居民——鲤鱼。它们长着两对"胡须"，身上的鳞片粗大，十分显眼。

它们还冬眠？

冬季，天气寒冷，鲤鱼在此时也处于半休眠的状态，不再进食。不过不用担心，它们体内的脂肪足以支撑它们挺过漫长的冬天了。春天一到，脂肪已经消耗殆尽的鲤鱼便需要补充能量了。这时，它们开始再次进食。

适应性真强

鲤鱼对环境的适应能力很强，不仅不怕冷，还耐碱、耐缺氧呢！而且它们属于杂食鱼类，食谱非常丰富。为了填饱肚子，鲤鱼甚至会去拱脏乎乎的淤泥，寻找藏在里面的小生物。不过，鲤鱼进食也是非常谨慎的，在吃东西之前，它们会先试探性地品尝一下味道，没问题之后再去吃。

漂亮的锦鲤

锦鲤也是鲤鱼家族的一员。它颜色艳丽,是极受欢迎的一种观赏鱼,素有"水中活宝石"的美称。在一些观赏池塘里,我们时常能看到锦鲤的身影。在中国,锦鲤已经有1000多年的养殖历史了。

鸳鸯，爱情之鸟

池塘的水面上，不知什么时候飞来了两只鸳鸯。它们怡然自得地顺着水流漂动，彼此相互依偎，一起慵懒地晒着太阳……

全能选手

鸳鸯是鸟类中有名的全能运动员。它们不仅游泳能力突出，潜水技术同样一流，鸳鸯的飞行能力也很出众，如果受到惊扰，它们会立即起飞逃离危险区。这些美丽的鸟儿十分机警，在进食完毕回家之前，它们会先在领地周围巡视一圈，确认安全之后再进家门。它们这样做，可以避免很多潜在的危险。

多种多样的食物

鸳鸯的食物多种多样，有趣的是，它们的食物会随季节以及栖息地的改变而变化。冬季天气寒冷，食物匮乏，鸳鸯只能吃些残存的坚果充饥。春季，植物的嫩叶、嫩芽都长出来了。这时，鸳鸯就专挑心仪的植物来吃。到了5月份，进入繁殖期的鸳鸯会调整饮食结构，捕食各种昆虫来补充能量。

雄性更出众

　　与很多鸟儿一样,雄性鸳鸯的外表更漂亮一些。它不仅拥有醒目的白色眉纹,还有可以直立的"帆状饰羽"。雌鸟与之相比,颜色就暗淡了许多,不过雌鸟的白色眼圈和眼后线更显雅致,颇有大家闺秀的温婉气质。平时,雄雌鸳鸯通常会一起外出活动,形影不离,所以它们才会被称为"爱情之鸟"。

鹅，长脖子歌者

"嘎——嘎——"几只大鹅喊着响亮的口号，迈着整齐的步伐向池塘走来了！它们的身子有些笨重，走路的时候一摇一摆的，就像一队大腹便便的士兵在接受检阅，煞是可爱。

雁的后代

小朋友，你知道吗？鹅是雁的后代。早在三四千年前，古人就已经开始驯养雁了。经过长时间驯化，它们才变成今天这个样子。不过，鹅的身上仍然有雁的影子，比如长长的脖子、扁扁的嘴巴、带蹼的大脚以及额头上别致的肉瘤，无不透露着这一信息。

我要唱歌啦！

鹅非常爱热闹，一见到鹅群，就会情不自禁地加入。它们通常都是边走边伸长脖子鸣叫，阵仗很大。而且鹅不愿独自展示歌喉，它们喜欢群体"大合唱"，好像只有这样才更有激情似的。

素食主义者

鹅是真正意义上的素食主义者，不吃肉类。即使它们在水中不停地啄来啄去，也是在搜寻水草等水生植物，而不是捕捉鱼虾。

泳技娴熟的水獭

在一些水流平缓、水质清澈的野外池塘，我们偶尔能发现水獭的身影。这种半水栖的小动物性情十分凶猛，拥有极高的捕鱼技能。

游泳小能手

水獭不仅有善于挖掘用的利爪，脚掌之间还有适合游泳的蹼。它们行走时，圆形的脚掌非常利于行走。身处水里时，水獭柔软的身体能够减少阻力，粗壮的尾巴可以掌握方向，而圆圆的脚掌无疑是最佳动力。水獭不仅泳速超群，泳姿也相当矫健。

伏击捕猎

水獭在捕食时善于打伏击。它们经常悄悄地从岸边潜入水中,突然袭击经过的鱼群。水獭在水中觅食时,发现有鸟儿在水面,也会慢慢接近,找准时机一口咬死猎物,再慢慢吞掉它们。冬季水面结冰,聪明的水獭会藏在冰洞附近,截杀冰下来往的鱼儿。

巢穴在哪里?

水獭的洞穴建在离水不远的树林或灌木丛中。为了保证安全,在建巢之初,水獭会同时挖好几个出入口,以便在遭遇敌人时能顺利逃生。在众多的洞口中,有一个是直接连接水源的特殊开口。水獭可以由此直接进入水中觅食,方便又省时。

性情温顺的中华花龟

池塘里的居民真多呀！瞧，那不是穿着条纹外衣的中华花龟嘛，它们慢吞吞的样子真像上了年纪的龟丞相，有趣极了！

长大就变样？

幼年时期，中华花龟的浅绿色背甲上有两条突出的脊棱。随着年龄增长，不但它们的背甲会渐渐变成棕色，就连原来的那两条脊棱也会慢慢消失。不过，中华花龟的头部、颈部以及四肢的皮肤，从出生起就长有很多花纹，这些花纹颜色较深，格外引人注目。

脾气真好!

中华花龟是水栖动物,在水流缓慢的池塘、沼泽和溪流中比较常见。它们胆子很小,一旦受到惊吓,就会惊慌失措地跑到水里去,久久不露面。中华花龟喜欢安静,性情也极为温顺。这些小家伙的生存能力很强,可以快速适应各种环境。

我要冬眠!

与许多爬行动物一样,中华花龟也是变温动物,体温深受外界环境影响。从每年的11月开始,中华花龟进入冬眠期,一直持续到来年3月才会结束。所以它们一生中要有一半的时间是在睡眠中度过的。

跳舞吧，冠欧螈

北半球气候凉爽地带的池塘里生活着一种冠欧螈。这种小家伙很会跳舞，舞蹈动作灵活复杂，而且还颇具意义呢！

特别的鳃

冠欧螈还小的时候，是不能到陆地上活动的，它只能待在水里。这时，它依靠鳃呼吸。小冠欧螈游动时，就像京剧里巡逻的小将军，背后的"靠旗"让它看起来颇有威仪。冠欧螈长到差不多4个月大时，鳃就开始慢慢消失。之后，它渐渐会用肺呼吸，这时候就可以离开水到岸上活动了。

把卵藏起来

与其他蝾螈一样,为了防止自己的卵被其他动物吃掉,冠欧螈妈妈在产卵后会将"孩子们"藏起来。不过,这可是个大工程,它每产 1 枚卵,都要用后腿把卵包裹在植物当中。即便一次产的卵很多,冠欧螈妈妈也不会敷衍了事,它仍然会小心翼翼地完成这巨大的工程。

舞蹈有深意

冠欧螈的舞蹈是用来向心上人表达爱意的。雄性冠欧螈的求偶舞蹈十分复杂。当它看到心仪的雌性出现时,会用前肢轻轻地触碰雌性的身体,向它表达自己的倾慕之情。然后,雄性会特意游到雌性面前,炫耀自己身上和头部的斑纹,让对方明白自己可是百里挑一的良配,错过了十分可惜。

小黑鸬鹚，捕鱼巧手

池塘里有几只小黑鸬鹚正在捕鱼。它们的翅膀在阳光的照射下黑得发亮。当鱼儿出现时，小黑鸬鹚立即把头扎进水里，追踪起猎物来。

它们飞行时什么样？

小黑鸬鹚主要生活在澳大利亚、新西兰等地，它们体形较小，喜欢在比较宽阔的水域活动。飞行时，小黑鸬鹚把颈和脚伸得直直的，但因为飞行能力有限，即使动作再标准，它们也无法像猛禽那样"鹏程万里"，只能低空掠过水面。

捕鱼时间到了!

　　小黑鸬鹚在捕食之前,会先站在水边的岩石或树上观察一会儿,只有发现水中有鱼儿出没,它们才会下水捕猎。捕鱼的时候,小黑鸬鹚可完全没有飞行时的笨拙。到了水里,它们的翅膀、脚蹼都是非常好用的划水工具。

　　小黑鸬鹚的潜水技艺十分高超,一般能潜水1~3米,持续时间可达45秒之久。对于小黑鸬鹚来说,这段时间足够它们追踪和捕猎了。捕猎成功以后,小黑鸬鹚会快速浮出水面,享用辛苦捕来的食物。之后,它们会找个阳光充足的地方,晾干湿透的翅膀。

爱穴居的麝鼠

麝鼠外表很像老鼠，因为善于游泳，也被称为"水耗子"。它们自身能分泌一种带有浓烈香味的麝鼠香，这可是制作高级香水的原料呢！

水上雅居

麝鼠喜欢把洞穴建在低洼地、湖泊以及池塘两岸，这里水草丰茂，环境清幽，最重要的是那些不识水性的动物难以接近，比较安全。选好建洞地址以后，麝鼠就开始忙碌起来了：先不停地运输树枝、芦苇等建筑材料，再用泥土混合慢慢建造起一处水上居所。这处居所不仅避风保暖，还有直接通向水里的通道，非常方便。

游泳"装备"

麝鼠的趾间有小蹼，可以当划水桨来用；那粗壮的尾巴扁扁平平的，可以帮助它们在水中掌握方向；柔软的皮毛可以减小水流的阻力。有了这套"装备"，麝鼠游动起来相当自如。

麝鼠吃什么？

麝鼠在夜间或晨昏比较活跃。它们没有储存食物的习惯，基本是现找现吃。麝鼠平时主要以水生植物为食，偶尔也吃些鱼虾等小型水生动物。冬天到了，食物匮乏，麝鼠甚至还会从自己的"房子"上扒点枯草充饥。

大苇莺，灵魂歌者

听！什么鸟儿在"唱歌"？一阵微风吹过，高高低低的芦苇摇晃起来了，这时，芦苇荡中飞出了一个熟悉的身影——那不就是大苇莺吗？它的歌声可真美妙。

玩耍，歌唱

大苇莺就像活泼的小孩子，鲜有安静的时候。它们要么不停地在芦苇和灌丛间跳来跳去，要么与同伴玩捉迷藏，好动得不得了。繁殖期，大苇莺会站在芦苇秆或树枝上动情地歌唱。为了吸引异性的目光，它们断断续续的歌声会持续很长时间。

食物太丰富了!

大苇莺是杂食动物,很容易就能填饱肚子。平时,蚂蚁、甲虫、豆娘等水生昆虫都是它们的捕食目标。此外,大苇莺也会吃些水生植物的种子和果实。所以,它们很少为自己的食物发愁。

"吊床"艺术

大苇莺主要栖息在茂密的芦苇或灌木丛里,为了方便,它们多把巢穴建在细细的植物之间。大苇莺的巢穴很小,仅以细枝或芦苇为支撑,就像悬吊在半空中的杯子一样,小巧又精致。看到它们的巢穴,很多人都会称赞它们编织技艺高超呢!

蟾蜍，捕虫能手

蟾蜍（chán chú）没有青蛙那样出色的弹跳能力，要想移动，就得慢慢向前爬。不过，蟾蜍口中那条又长又黏的舌头，倒是与青蛙一样，是专门用来捕捉猎物的。蟾蜍不挑食，捕到什么就吃什么。

昼伏夜出

蟾蜍与青蛙一样皮肤裸露，白天气温升高，它们容易失去水分。为了保护自己不受伤害，它们不得不藏在一些阴暗、潮湿的地方。黄昏以后，天气凉爽，很多昆虫活跃起来，饿了一天的蟾蜍也该出动了！

有趣的繁殖方式

有些蟾蜍妈妈将卵产在水里,让孩子们在那里完成发育。还有的蟾蜍妈妈十分有趣,它们有的将卵背在背上,有的将卵粘在后腿上。更有趣的是,达尔文蟾爸爸会将卵放在口中的声囊里,直到小蟾蜍从它嘴里爬出来。

蟾蜍发怒了!

蟾蜍遇到小昆虫,只要动动舌头就能将它们一网打尽。可是倘若遇到势均力敌的对手怎么办呢?别担心,蟾蜍在发怒的时候会以趾尖站立起来,大口大口地吸气,让自己全身膨胀。有些不明情况的捕食者看到蟾蜍这个样子,还以为它们很强大,就赶紧急忙逃走了。

中国水蛇，潜伏在水里的猎人

小朋友们对蛇一定不陌生。可是，你知道吗？有一种蛇不喜欢在陆地上活动，偏偏爱待在水里，它们就是许多水生动物的致命天敌——中国水蛇。

分布广泛

中国水蛇多生活在潮湿的环境里，尤其喜欢栖息在溪流、池塘、水田内。它们广泛生活在中国南方很多省区，越南部分地区也有它们的身影。这种水蛇具有重要的经济和科研价值，而且没有毒性，在中国是受法律保护的动物。

水中世界

中国水蛇没有什么特定活动规律,白天、夜晚都能见到它们。它们的生存能力很强,即使水质很差也能生存下来。平时,中国水蛇喜欢吃些鱼类和蛙类,偶尔也能见到它们捕捉小虾为食。

情况危急

中国水蛇的数量正在骤减。它们会误食人们洒在水中的农药和化肥,因为食物中毒而大量死亡。另一方面,很多农田、池塘被开垦为建设用地,中国水蛇的栖息地变得越来越少,所以,中国水蛇的处境越来越危急了。

白鹭,白羽天使

亭亭玉立的白鹭站在池塘边,低头浅啄,微风吹来,那曼妙的身姿与周围景色组成了一副美丽的画卷。"白羽天使"这个雅名似乎都不足以形容它们的高贵气质。

捕食有绝招!

白鹭喜欢吃各种小鱼、小虾。觅食时,聪明的白鹭常常把自己又细又长的大脚探入水中,不停地来回搅动。鱼虾们受到惊吓四处逃窜,白鹭就趁机"浑水摸鱼",饱餐一顿。这种"打乱猎物阵脚再围剿"的战术,要比直接强攻效率高得多。

天生丽质的天使

　　白鹭身材修长，全身披着洁白如雪的羽毛，就像穿着白色纱裙的职业模特。它们常常在水边闲庭信步，有时也会故意挥动几下翅膀，展示一下自己的风姿。如果有兴致的话，白鹭还会到空中游览一番，感受飞行的快乐。

独特的辫羽

　　白鹭最引人注目的要数头上那两条长长的辫羽了，那随风而动的样子煞是好看。不过，只有处于繁殖期，白鹭的头上才会生长出美丽的辫羽哟！

水鼩鼱，暗杀高手

第一眼看到水鼩鼱（qú jīng），你一定以为它们是老鼠。实际上，这些酷似老鼠的小家伙是一种食虫动物。它们拥有十分高超的捕食技能，而且异常凶猛，这点老鼠可比不上！

捕食策略

每当黑夜来临，水鼩鼱就会悄悄地潜入水中，开始觅食。它们的嗅觉十分灵敏，在水中也可以准确闻到猎物的气味。一旦发现有猎物移动，水鼩鼱便会小心翼翼地接近，等时机成熟再发动突然袭击，让猎物在毫无防备的情况下被吞食。如果猎物静止不动，水鼩鼱也能依靠触觉找到它们。

我就是爱吃!

水鼩鼱体形不大,但新陈代谢很快,因此水鼩鼱总是不停地吃东西,以保证身体的能量供给。据统计,它们每天吃的食物总重量能超过自己的体重呢!可想而知,水鼩鼱也是"吃货"一个。水鼩鼱平时多以水生昆虫为食,偶尔也吃小型鱼类和两栖动物。

杀手锏

水鼩鼱的后腿上长着一对臭腺,这是它们御敌的秘密武器。当水鼩鼱遇到猫头鹰、狐狸等强大的敌人时,会从臭腺里释放出一种辛辣的气体,倘若对方忍受不了这种难闻的气味,水鼩鼱便能有幸躲过一劫,逃之夭夭。

长"胡子"的塘鲺

塘鲺（shī）是一种淡水鱼，因为长有类似胡子的触须，也被称为"胡子鲶"。它们适应环境的能力很强，营养价值也非常高。

小鱼小虾,我来啦!

塘鲺的眼睛小小的,视力很弱,那它们怎么捕食呢?原来,塘鲺的嗅觉和触觉异常灵敏。它们的两对触须就像探测器一样,能够辨别出各种味道,帮助它们在阴暗的环境中发现猎物。

昼伏夜出

白天,塘鲺藏在水底或洞穴中休息,夜晚才出来找东西吃。塘鲺特别贪吃,池塘里的昆虫、小型鱼虾、贝类都是它们的捕捉目标。不过,冬季天气寒冷,塘鲺就会变得安静起来,如果没有其他动物来打扰,它们甚至都懒得游动。

价值突出

塘鲺是容易饲养的经济鱼类。它们肉质鲜美,营养丰富,深受人们喜爱。在中国南方,塘鲺是常见的餐桌佳品。科学研究发现,塘鲺还有一定的药用价值,具有补血、养肾的功效。

穿着"盔甲"的河蚌

池塘里有这样一种动物：它们没有华丽的外表、动人的声音，更没有什么出奇制胜的捕食绝技。除了那一身坚硬的"盔甲"，我们几乎看不见它们其他的身体构造。可是，这种动物却能孕育出耀眼的珍珠！它们就是平凡又伟大的河蚌。

我们是动物！

河蚌生活在满是泥沙的水底。第一眼看到它们，可能会觉得那是外形有些奇特的石头。但实际上，它们是动物大家族的一员。河蚌的外壳多变，不过壳上大多都有圆形或折线状的刻纹。它们的身体十分柔软，藏在暗色的外壳里面。移动时，河蚌会张开蚌壳，用柔软的斧足在泥沙上挪动。察觉情况不妙时，它们会迅速缩回斧足，将蚌壳紧紧闭合。

我要吃东西！

河蚌没有捕食绝技，平时以过滤水中的浮游生物为生。它们饥饿时，会摆动外套膜边缘的纤毛，让周围的水流动起来。水流会带来丰富的浮游生物。这样一来，它们就能吃到美味的食物啦！科学研究表明，河蚌每天要过滤40多升的水呢。

珍珠

小朋友，你知道吗？美丽的珍珠没被河蚌"加工"之前，实际上是一粒粒沙砾，它们偶然间掉进了河蚌的身体里，为了减轻痛感，河蚌会分泌出一种含有矿物质和蛋白质的黏液，将这些小颗粒一层层地包裹起来，久而久之，这些小颗粒就变成了晶莹剔透的珍珠。怎么样，河蚌是不是有"珠宝加工师"的风范啊？

会"钓鱼"的夜鹭

夜鹭是一种分布地域广泛的涉禽,身影遍及亚欧大陆、非洲和美洲。它们的羽毛不仅颜色多样,还富有金属光泽,十分漂亮。最特别的是,夜鹭的头枕部还长着几根长长的辫羽,这让它们看起来颇具气质。

钓鱼喽!

夜鹭非常聪明。它们在捕鱼之前,会先向水里扔个野果,然后静静地在岸上等猎物出现。当鱼儿禁不住诱惑跑出来吃野果时,夜鹭就会迅速冲到水中,将其捕获。除了小鱼,夜鹭也捕捉蛙类、虾蟹等水生动物。当然,它们也会注意荤素搭配,偶尔吃些植物调剂胃口。

群居生活

夜鹭是群居动物，常组成数百只的大群，共同占据一片树林。它们的巢穴密度很大，有时一棵树上就能聚集3~4个巢。

逃生秘籍

自然界的危险无处不在，很多动物都有自己独特的御敌技巧，夜鹭也不例外。当察觉到危险时，夜鹭会把已经吃掉的食物吐出来。这样做一方面是为了减轻体重，迅速逃跑；另一方面是因为未经消化的食物腥臭不堪，敌人闻到这么难闻的味道，难免会失去捕捉它们的兴趣。

紫水鸡，红嘴精灵

看到紫水鸡，你也许会惊讶它们为什么这么有个性！它们不仅长着粗大鲜红的喙，还拥有一双"大长腿"。如果鸟儿们来一场时装比赛的话，紫水鸡一定会名列前茅。

习性

紫水鸡生来就喜欢水，在一些水生植物茂盛的湖泊、池塘以及河流我们经常能看到它们的身影。不过，紫水鸡一般在晨昏活动，白天大都躲藏在水草丛中，很少露面。紫水鸡的叫声多变，包括咯咯声、咕噜声等。循着这些叫声，说不定你就能找到它们呢！

敌人来了,"T台秀"结束!

紫水鸡走路很有时装模特的范儿。它们的步伐缓慢又稳重,像极了踏水而来的翩翩君子,浑身散发着典雅的美。但如果这时有哪个敌人出现,紫水鸡就会全然失去刚才的淡定模样。它们的飞行能力并不好,不仅姿势笨拙,飞行距离也有限,所以它们不得不靠快速奔走逃离危险区。

食物真多呀!

紫水鸡是杂食动物,一些水生、半水生植物的根、茎、叶、花以及种子都是它们的充饥佳品。它们在水里漫步的时候,偶尔也会捕捉一些软体动物、鱼虾和昆虫,丰富一下饮食菜单。

胆小温顺的布氏拟龟

广阔的美洲大陆上生活着这样一种龟:它们体形不出众,胆子也很小。但有趣的是,这些小家伙行动却非常灵活,善于游泳。如果可以的话,把它们当宠物饲养是个不错的选择!

浅水居者

布氏拟龟是半水栖动物,它们时而出现在陆地上,时而出现在平静的池塘、湖泊和小溪中。它们对生活环境的要求很高,那些水质较差、水底不够松软以及植被缺乏的水域,布氏拟龟是很少去的。

我最爱清凉!

小朋友,你知道吗?布氏拟龟很怕热!它们在选择栖息地时,会着重参考水温因素。即使某片水域环境再美,食物再丰富,如果水温超过25℃,布氏拟龟也会不屑一顾。倘若居住地因为一些原因水温升高,它们就会去寻找新家,直到找到温度合适的地方为止。

长脖子出击!

在陆地上,布氏拟龟主要吃浆果和蔬菜。当它们到水中时,就会找一些鱼虾、蛙类和腐肉充饥。布氏拟龟是典型的机会主义者,捕食时,它们会耐心地在水中等待。如果有小鱼从它们面前游过,布氏拟龟就会突然伸出像弹簧一样的脖子,将对方逮住,吞进肚里。

静水椎实螺,水中旅行家

静水椎实螺,听名字就知道,它喜欢生活在水流缓慢的地方。它们还有一个更加亲切的名字,叫大池塘蜗牛。这些缓慢的爬行者是池塘的常住居民,在很多地方都能见到。

带着"房子"旅行

静水椎实螺和蜗牛一样,无论走到哪里都背着自己重重的壳。它们的壳有4~6厘米高,直径有2~3厘米。当它们需要休息或受到惊吓时,只要将身体缩进壳里就好了。对它们来说,去哪里都不如躲在自己的"房子"里安全。

我是杂食动物

很多人都觉得静水椎实螺是慢性子,捕食技巧有限,食物应该是植物。实际上,静水椎实螺不仅吃水生植物,还会向一些水生甲虫、小鱼下手。必要的时候,它们还有可能捕捉其他同类为食,真是不可貌相!

雌雄同体?

静水椎实螺还有一个秘密,那就是它们是雌雄同体的动物。这意味着它们可以改变自己的性别。静水椎实螺每次产下50～120颗卵,这些卵聚集在一起,就像一条气泡组成的丝带。

划蝽，噪音之王

宁静的池塘突然传来一阵嘈杂声，这声音究竟是谁发出来的呢？如果你仔细寻找，说不定就能发现划蝽的身影。划蝽是自然界有名的"高音歌唱家"，但是它们的声音并不怎么动听！

游动秘诀

身体小小的划蝽是怎么在水面游动自如的呢？科学家们通过研究发现，这完全归功于它们那扁扁的后足。当划蝽摆动后足划水时，后足与水之间会产生相互作用力。它们就是利用水的反作用力前进的。有趣的是，当划蝽在水中把后足呈"一"字摆开时，加上翅膀的浮力，它们就能像"潜艇"一样垂直浮出水面。

噪音的来源

划蝽是昆虫中有名的"大嗓门",它们的声音有时可高达 100 分贝,你一定想不到这震耳欲聋的声音是由身长几毫米的划蝽发出的吧。划蝽长着头发丝一样细的外生殖器,它们就是用外生殖器摩擦下腹产生声响的。如果按身体比例来算的话,划蝽应该是世界上声音最大的动物了。

适应力超群的罗非鱼

如果要回答哪种淡水鱼的适应性最强,那就不得不提罗非鱼了。这种扁扁的鱼能适应各种环境,食谱十分广泛,繁殖能力也很突出。

低氧?我不怕!

罗非鱼对不同环境的适应能力远超乎我们的想象。只要水温适宜,它们就能生存。让人敬佩的是,这种鱼的耐低氧能力非常突出,即使其他生物无法生存的低氧环境,它们也能正常生长,完全没有缺氧的狼狈。怎么样?它们是不是很顽强啊!

超强的繁殖能力

罗非鱼的生长速度很快,不到 6 个月就能发育成熟,而且它们对繁殖条件的要求不高,只要繁殖地是静水就可以。繁殖期,罗非鱼妈妈会用口腔孵育幼鱼。受精卵孵化成幼鱼后,就离开妈妈温暖的口腔,去外面生活了。

温度适宜最重要

虽然罗非鱼颇有"随遇而安"的精神,但它们对水温的要求却很严格。当所处水温低于 15℃时,罗非鱼就会无法正常游动,进入休眠状态。当水温高于 40℃时,它们也难以生存。罗非鱼最喜欢的温度是 28℃～32℃。

提着小灯笼的萤火虫

夜幕降临时,没有灯光的森林异常幽暗。这时,你也许会看见点点荧光闪烁,慢慢地,荧光越来越多。一闪一闪的荧光让人不禁怀疑,难道是天上的星星在这里嬉戏?其实,这是萤火虫创造出的童话世界。

闪烁的萤火

光,是萤火虫的语言。虽然在我们眼中,一闪一闪的荧光并没有什么特别的意义,但萤火虫却能通过荧光相互交流,传递信息。雄萤火虫利用"灯光"追求伴侣,而收到"灯语"的雌萤火虫会及时给予回应。在这种"灯光信号"引导下,雄萤火虫就飞到雌萤火虫身边结成伴侣。

短暂的美丽

萤火虫美丽又神秘,它的一生要经过卵、幼虫、蛹和成虫四个阶段。它们的幼虫期长达10个月,但当它们变成成虫,却只剩下20天左右的生命了。比起其他动物,萤火虫成虫的生命可以称得上美丽而短暂。

它竟然吃肉！

长大后的萤火虫大多以露水和花蜜为食，你一定想不到它在幼虫时竟然是吃肉的！水生的萤火虫喜欢吃小型螺类、贝类，陆生萤火虫喜欢吃小型蜗牛，它们会先用毒液麻醉猎物，然后分泌消化液将猎物的肉分解。

蝴蝶,飞舞的精灵

蝴蝶是花丛间飞舞的精灵,它们穿着色彩斑斓的"花外衣",和绚烂的花儿相比,一点儿也不逊色。

喜欢吃什么?

大部分蝴蝶都喜欢吸食花蜜,有些蝴蝶还偏爱某些特定的植物,例如蓝凤蝶喜欢百合花,菜粉蝶喜欢紫罗兰,豹蛱蝶最喜欢菊花……不过,也有些蝴蝶并不喜欢花蜜,它们更喜欢果实的果汁。当蝴蝶还是毛毛虫时,它们喜欢吃叶子、花草,还会在果实里面钻洞。

空中求婚

蝴蝶的婚礼在空中举行,在这之前还要经过一个求婚的过程。当雄蝶追求一只雌蝶时,它会半张着翅膀,围绕着雌蝶飞舞。如果雌蝶飞向了雄蝶,并用自己的触角去抚摸雄蝶的翅缘,那就表示它接受了雄蝶的"求婚";如果雌蝶不喜欢雄蝶,就会将翅膀平展、腹部高高翘起,冷漠地表示拒绝。雄蝶会失望地绕飞一阵,然后离开去寻找其他对象。

小心,蝴蝶也有毒!

如果你捉过蝴蝶,就会知道,捉蝴蝶时手上会沾到许多细粉,有人以为那是花粉,其实那是蝴蝶的鳞粉。鳞粉是有毒的,如果你在抓蝴蝶时眼睛变得红肿或皮肤觉得难受,那表示你可能中了"蝴蝶毒"。因为蝴蝶在挣扎时双翅会拍散出大量鳞粉,人吸入鳞粉,常常会出现中毒症状。

奇妙的鳞片

蝴蝶翅膀上的图案丰富多彩，令人赞叹不已。蝴蝶之所以这么靓丽，主要就是依靠翅膀上鳞片的颜色。在显微镜下，鳞片一行一行地排列着，整整齐齐的样子像是屋顶上的瓦片。鳞片不仅能使蝴蝶艳丽无比，还可以防雨，有了"鳞片小雨衣"，即便下起小雨，蝴蝶也能飞行。不仅如此，鳞片还能像"空调"一样，通过调节吸收的太阳光，帮助蝴蝶调节身体温度呢。

保护自己

蝴蝶的天敌有很多，甲虫、螳螂、蜘蛛、鸟等动物都有可能对蝴蝶造成威胁。有的蝴蝶会用独特的斑纹和颜色警告敌人不要靠近；有的蝴蝶会并拢双翅，将自己伪装成树叶；有的蝴蝶拥有透明的翅膀，可以轻易避开捕食者的视线。

毛毛虫大变身!

你一定很难把多彩的蝴蝶和丑丑的毛毛虫联系在一起吧?蝴蝶妈妈在树叶上产下卵,大约一星期后,小毛毛虫就会从卵壳里爬出来,然后它会经过几次蜕皮。4~6次蜕皮后,毛毛虫就会找一个隐蔽的地方,吐丝把自己的身体包裹起来,变成了外壳硬硬的蛹。又过了很久,它使出浑身的力气从硬壳里钻了出来,这时它就长出了翅膀,变成了美丽的蝴蝶。

田鳖，水中"霸王"

在很多人的印象里，田鳖只是一种水生昆虫，可是谁能想到，这种名不见经传的小虫，竟然能捕食比自己大很多倍的鱼类。也难怪大家叫它"水中霸王"了。

爸爸的背好温暖！

繁殖期间，雌田鳖与雄田鳖交配后，会将一颗颗卵产在雄田鳖背上，由它们照顾后代。在孩子们出生之前，爱子心切的田鳖爸爸走到哪里就把它们背到哪里。

胃口真大啊!

田鳖虽然其貌不扬,捕食能力却不容小觑(qù)。它们常常潜伏起来,静静地等待猎物出现。当目标进入田鳖的捕猎范围,它们就会悄悄地接近,趁机向猎物体内注射一种"溶解酶",这种液体能让猎物很快失去反抗能力。这时,田鳖再趁机过去吸食猎物的体液。

逃生有秘诀

田鳖的捕食技巧练得炉火纯青,它们的防御术同样出色。当遭遇强敌时,田鳖会果断"装死",让自己逃过一劫;或是从肛门里喷射出一种恶心的液体,使意图拿它们充饥的捕食者失去胃口。

白鹳，优雅之鸟

池塘旁边的绿树上，不知什么时候吸引了几只白鹳前来筑巢。它们就这样在池塘边安家了。这些身穿"白衣"的雅士，没事儿就喜欢到水边散步，实在是自在极了！

飞行时也要美美的！

白鹳十分注重自己的仪态，无论是走动还是飞行，它们的动作都十分优雅。起飞时，白鹳要先进行一段距离的助跑，然后再用力扇动翅膀才能顺利起飞。飞行时，白鹳会向前伸直自己的脖子，把腿脚伸到尾羽的后面，尽量让身体呈一条直线。这样做，不仅姿势优美，飞起来还很省力呢！

变化的食谱

白鹳比较爱吃鱼，一年四季都离不开鱼。不过，随着季节的变化，白鹳的食谱也在变化哟！冬春两季，食物匮乏，白鹳主要采食一些植物和少量鱼类。夏季气温升高，食物也丰富起来，这时，白鹳以各种鱼类和小型水生动物为食。到了秋季，白鹳还会捕食大量昆虫。

快离开我的地盘！

白鹳是一种非常机警的鸟，它们的活动一般都会避开人群。当有敌人进入它们的领地时，白鹳立即变得紧张起来，同时它们会用鸟喙打出"嗒嗒嗒"声。接着，它们会做出很多自卫或警示动作，如左右摆动头部、半张开翅膀、竖起尾羽以及连续走动，等等。闯入者见到它们这副生气的样子，能力不强的只好小心翼翼地溜走了。

水黾，轻盈的舞者

水黾（mǐn）是有名的"芭蕾舞者"。它们在水面上行走时如履平地，而且还能保证自己不被弄湿。可见，它们的水上轻功有多么出神入化！

水黾是怎么捕食的？

水黾外表看起来有些瘦弱，但它们的捕食效率却很高。平时，水黾匍匐在池塘水面上，如果有昆虫不慎落入水中，水黾腿部的器官就能感知到猎物的所在地，然后，它们会快速向目标靠拢，过去吸食这些昆虫的体液。如果水黾在捕猎的过程中，发现鱼类的尸体，它们也会赶紧上前，饱餐一顿。

"水上漂"来了!

小朋友,你知道水黾"水上漂"的秘密吗?其实这很简单:水黾的身体瘦弱,腿又细又长,当它们趴在水面上时,可以分散身体重量;再加上它们的腿上长有带油质的细毛,可以起到防水的作用。所以,水黾不会沉到水下去。

鳝鱼，喜欢安静的隐士

宁静的池塘底静卧着一条"蛇"。可是，它也太安静了吧！怎么一点儿也没有蛇活泼好动的样子呢？而且它身上也没有鳞？哦，原来它并不是蛇，而是被称为"水中隐士"的鳝鱼。

生命力极强

鳝鱼虽然被归为鱼类，但无论是从外形还是身体构造来看，这些长长的家伙都与鱼相去甚远。它们的鳃并不发达，平时会借助口腔以及喉腔的内壁表皮呼吸，也就是说，它们能直接呼吸空气。即使水中含氧量匮乏，鳝鱼也不怕。如果它们离开水源几天，只要保持身体足够湿润，也是完全可以的！

逃生有方

鳝鱼的身体就像一根长圆筒,既没有胸鳍,又没有腹鳍。它们的皮肤表层覆满了黏液,滑溜溜的。当它们在石缝中穿梭时,不用担心摩擦力过大损伤身体。所以,鳝鱼平时特别喜欢躲在泥洞和石缝中。倘若遭遇敌人,没有什么攻击本领的鳝鱼就会利用这项优势,藏起来保护自己。

变性?太神奇了!

鳝鱼幼年时期是雌性,当它们繁育过一次后代以后,就会变成雄性。这又当妈妈又当爸爸的鳝鱼还真是不简单呢!不过,在成为"男性"以后,它们就不会再变了。

牛背鹭，尽职的"清洁工"

几只牛背鹭正站在池塘边上懒懒地晒着太阳，这时，一头黄牛慢悠悠地走过来了。牛背鹭见此，赶紧扇动翅膀飞到了黄牛背上。黄牛非但没有反感，反而十分享受地低头吃起草来……

亲密的朋友

牛背鹭因喜欢随牛活动而得名。它们就像牛的贴身清洁工，随时随地为牛清理身上的寄生虫。当牛耕地时，它们还会跟在后面捡食被翻出来的虫子。如此勤劳又不聒噪的"清洁工"，不但牛喜欢，就连人类也乐于见到它们呢！

群体动物

牛背鹭的栖息地很多,在池塘里我们经常能见到它们的身影。这些安静的鸟儿平时爱把巢穴建在池塘边的大树上。它们喜欢群体生活,休息时会与同伴共同站在树梢上,缩着长长的脖子,静静地享受惬意的时光。

小牛背鹭出生了

牛背鹭妈妈一年只繁殖一次,每次会生下5～7枚浅蓝色的蛋。之后,牛背鹭妈妈与爸爸会轮流孵蛋,大约20天左右的时间,小牛背鹭就能出世了。不过,成长的道路总是曲折的,因为食物匮乏,很多小牛背鹭出生后不久就有可能死去。

生命短暂的蜉蝣

用"朝生暮死"来形容蜉蝣最恰当不过了。成年蜉蝣的寿命非常短暂,有的甚至只能活一天。那么,蜉蝣如何度过短暂的一生呢?

在水中的生活

蜉蝣是素食动物,主要以水生植物为生。它们身体两侧或背面有一对气管鳃,这就是蜉蝣在水中的呼吸器官。有了这个器官,蜉蝣不仅能跑到水底去吃植物碎屑,还能到底泥中挖洞呢!

水中产卵

春夏两季是蜉蝣的繁殖期。这时,大批雄性蜉蝣会在空中飞来飞去,吸引异性的目光。接着,雌性蜉蝣会飞到心仪者身边与之交配。然后,蜉蝣妈妈会把卵产在水中。水中的卵会慢慢孵化成小蜉蝣。在接下来1年左右的时间里,小蜉蝣要经过20~40次蜕皮才能长成成虫。

短暂的生命

蜉蝣幼年时期在水中发育,等它们快要发育成成虫时,就会爬到水面或水边石块、植物上生活。很快,它们就会蜕皮变成成虫。成年后,蜉蝣不再进食,它们的生命只有短短的一两天,甚至是几个小时。蜉蝣们需要抓紧时间,在生命结束之前完成繁衍后代的任务。

大肚子食蚊鱼

如果把淡水鱼召集在一起举行灭蚊大比拼,食蚊鱼获胜的几率肯定很高。这种大腹便便的小鱼虽然外表不够美丽,但灭蚊的"超能力"足以让它们以"灭蚊英雄"的光荣称号闻名世界。

蚊子,我来了!

食蚊鱼是鱼类中有名的"大胃王"。成年食蚊鱼一天能吃掉上百只蚊子幼虫。不过,食蚊鱼可不是只吃蚊子哟,很多无脊椎小生物也是它们的口粮。食物匮乏时,为了填饱肚子,它们还有可能吃掉自己的同类。

繁殖率高

每年春末夏初,气温渐渐升高,池塘里的蚊子幼虫多了起来,食蚊鱼的食物变得非常充足。这时,食蚊鱼开始进入繁殖期。在鱼类家族中,食蚊鱼的繁殖能力是比较突出的。通常鱼妈妈的孕期为 16~28 天,一次就能产下五六十条幼鱼,而身材肥硕的鱼妈妈还有可能生下更多的孩子。

严酷环境？我不怕！

除了有些怕冷外，食蚊鱼几乎能适应各种严酷环境。无论是含氧量低、还是水温过高，甚至是水体污染等致命问题，食蚊鱼都不放在眼里。无论在哪里，它们总是能凭借超强的适应能力活下来。这点着实令人钦佩！

水中一霸

食蚊鱼素有"水中一霸"的恶名。这是因为它们性情凶猛，经常抢占其他鱼类的生存空间，掠夺对方的食物。如果对方体形占有优势，食蚊鱼要么吃掉大鱼的后代，要么硬碰硬地咬坏它们的鱼鳍和鳞片。一些大鱼在见识了食蚊鱼的"威风"后，自然也不会轻易招惹它们了。